AF263073

RÉPONSE

D'UN *Ami des Noirs* à la lettre de
M.***, *habitant de Saint-Domingue.*

RÉPONSE

*D'un ami des Noirs, à la lettre de M.***, habitant de Saint-Domingue.*

Paris, le 16 Novembre 1791.

JE suis, mon cher créole, homme sensible et bon citoyen ; ainsi je n'ai pas besoin de vous exprimer tout ce que j'ai éprouvé en apprenant que le sang coule sur les ruines d'une colonie dont la perte peut entraîner celle de la France. Mon attachement pour vous m'a sur-tout fait gémir sur vos malheurs particuliers ; mais j'ai été, je suis et je serai toujours *l'ami des Noirs.* Vous-même l'êtes aussi, et vous en conviendrez, lorsque je vous aurai expliqué qu'il existe deux classes *d'amis des Noirs.*

La première, celle qui vous fait horreur, qui est l'opprobre et le fléau de l'humanité, est composée de ces prétendus philantropes dont le cri de ralliement est : *Périssent les Colonies, plutôt que les principes !* C'est dans cette classe que l'on remarque les G..... P..... R..... B...... C..... L..... etc., gens que l'on voudroit ne croire que des nivelleurs extravagans, mais qui, par les maux dont ils ont couvert la France, semblent être d'intelligence avec tous ses ennemis.

Ne m'associez jamais à de pareils individus ; notre correspondance seroit interrompue.

La seconde classe *des amis des Noirs* est celle à laquelle je m'honore d'appartenir ; elle est formée de tous les hommes justes et humains, de tous les planteurs qui, comme vous, adoucissent, par leur bonté, la dépendance nécessaire du nègre laborieux et fidèle, et ne punissent qu'à regret le nègre coupable.

C'est cette classe *d'amis des Noirs* dont les sages conseils, s'ils n'eussent pas été dédaignés, eussent évité à la France les inutiles regrets qu'elle donne à des milliers de victimes immolées à une philosophie barbare

Après cette explication, vous conviendrez, mon cher créole, que l'on peut aimer les Noirs, comme en France on peut aimer le peuple, qui ayant plus de passions que de lumières, croit servir la cause de la liberté et de l'égalité, tandis qu'il se souille de crimes, se précipite dans un abîme de misère, et n'est que l'instrument des fanatiques et des factieux.

Vous reconnoîtrez, sur-tout, que l'on peut aimer les Noirs comme je les aime, lorsque je vous aurai démontré que la perte de Saint-Domingue est l'ouvrage de cette classe *d'amis des Noirs*, que je déteste, de l'assemblée constituante, et même des Colons.

C'est ce dont vous serez convaincu, en parcourant avec moi les époques suivantes.

Première époque.

La déclaration des droits de l'homme.

(6)

Deuxième époque.

La discussion sur l'état des personnes dans les Colonies.

Troisième époque.

La nomination des députés des Colonies à l'assemblée constituante.

Quatrième époque.

L'adresse de G..... aux gens de couleur, du 8 juin 1791 ; les affiches et les journaux de B..... et C.....

Cinquième époque.

L'assemblée coloniale formée à Saint-Domingue, et l'établissement du régime municipal dans cette colonie.

Sixième époque.

La destruction de l'autorité du gouverneur dans cette colonie.

Reprenons, mon ami, cette triste série d'erreurs devenues si funestes.

Première époque.

La déclaration des droits, inventée par un philosophisme délirant, pour perpétuer l'anarchie, sera un invincible obstacle au retour du bon ordre, jusqu'à ce qu'elle soit remplacée par la déclaration des devoirs que les citoyens ont à remplir dans un état monarchique; les gens sensés ont méprisé en France cet exorde, si sottement vanté; et dans les Colonies, ils l'ont lu avec effroi. Dans un pays où nécessairement il doit exister un grand nombre d'hommes esclaves auprès d'une poignée d'hommes libres, comment n'auroit-on pas redouté une doctrine qui admet que les hommes naissent et demeurent égaux en droits? Ne devoit-on pas croire que nos législateurs, plus prudens qu'enthousiastes, eussent ainsi prescrit les devoirs des planteurs et de leurs Noirs :

Hommes libres, soyez soumis aux loix, et veillez, en bons maîtres, sur vos nègres; et vous nègres, soyez dociles et fidèles; respectez vos maîtres qui sont vos bienfaiteurs.

Deuxième Epoque.

Cette discussion fut le signal des malheurs qui ont perdu Saint-Domingue ; la mauvaise foi et l'impéritie s'efforcèrent à l'envi de se livrer à une exaltation, qui bientôt communiquée aux colonies, devoit y causer un embrasement général. Vainement des hommes éclairés par l'expérience, sur la nécessité d'attaquer, avec ménagement, des institutions, d'où la conservation des colonies dépendoit, représentèrent, à R..., à G..., à P...., le danger de leur conduite. Ils leur dirent qu'il falloit ne rompre, que successivement les liens d'une ancienne dépendance ; cet exécrable triumvirat fut sans pitié ; et il continua d'aiguiser les poignards qui viennent de frapper les victimes ; voilà leur ouvrage ; qu'ils nous disent maintenant, s'ils sont sans remords, en voyant des pères assassinés dans les bras de leurs femmes, et des enfants massacrés sur le sein palpitant de leur mère.

Troisième Epoque.

Comment les colons ont-ils pu envoyer

des députés, et les conserver dans une assemblée, dont les maximes devoient détruire la tranquillité des colonies ? comment, surtout, ne se sont-ils pas empressés de désavouer ceux qui n'ont laissé, à la tribune, que le souvenir de leurs dénonciations calomnieuses, de leurs vaines déclamations, de leurs petits moyens ?

Les colons plus sages, eussent attendu que le temps les eût éclairés sur les avantages et les défauts de la constitution française; continuant à vivre sous une autorité tutélaire, ils eussent médité lentement, au sein de la tranquillité, les loix qu'ils auroient pu proposer un jour, tant sur leur administration intérieure, que sur leurs rapports commerciaux avec la métropole.

Quatrième Epoque.

Je ne sais comment on pourroit assez punir le crime commis pat les G..., B..., P..., et compagnie ; mais s'il étoit un Français assez aveuglé pout tenter de défendre ces perfides représentans ; je lui dirois : Voyez la colonie la plus florissante couverte de cendres et de cadavres ; votre commerce, vos manufactures sans activité ; des millions d'hommes réduits à l'indigence ; et la banqueroute générale, amenée bientôt par une foule de banqueroutes particulières. Mais personne n'osera justifier les partisans d'une telle philantropie ; et le glaive de la loi en vengera la France et l'humanité, s'ils peuvent échapper à la juste fureur du peuple trompé.

Cinquième Epoque.

Le régime représentatif ne peut être admis dans les colonies qu'avec beaucoup de mo-difications ; autrement, il ne pourroit se concilier avec la sûreté et la tranquillité publiques. Les colons qui ne seront pas éblouis par une vanité irréfléchie, ou entraînés par l'ambition, sentiront qu'ils ont besoin d'un gouvernement actif et vigoureux, qui puisse, par des moyens aussi prompts qu'énergiques, contenir cette foule d'individus, que leur ignorance ou leur intérêt peuvent rendre dangereux : ils sentiront que s'ils introduisent le systême électif dans leur administration intérieure, ils recevront bientôt la loi de la classe nombreuse des non-propriétaires, qui s'y coaliseront d'abord, pour participer à l'exercice de l'autorité, et peut-être ensuite pour s'en emparer exclusivement.

Ces sages colons, dont il est à desirer que les conseils soient écoutés, représenteront que les institutions démocratiques, sources de haînes, d'intrigues, de troubles, doivent être proscrites des colonies ; et l'expérience de ce qui se voit déjà en France, leur fournira des preuves irrésistibles sur le danger d'appeler à des fonctions administratives des hommes dont l'intérêt particulier n'offre aucune garantie de leur respect pour l'intérêt général.

Sixième Epoque.

Sur cet article, mon ami, je vous parlerai le langage créole. Souvenez-vous que le nègre disoit : *Blanc, c'est maître à moi ; mais, roi, c'est maître à blanc ; voyez gé-*

néral, quand général parloit, c'est maître
qui parloit.

Les colons ont avili cette autorité pro-
tectrice; ils ont cru avoir le droit de mander
le gouverneur à la barre, de le soumettre
à la cloche, dont l'usage, jusqu'à ce jour,
avoit été si différent à Saint-Domingue; la
force publique a été détruite par l'insubor-
dination; les crimes ont suivi la licence;
le régiment du Port-au-Prince a été cor-
rompu, et un chef militaire est tombé sous
les coups de soldats assassins. Voilà la cause
de tous vos maux.

Je passe à votre situation présente. La
colonie, pour se relever, a besoin de courage,
d'énergie, de protection et d'union. Si la
division s'établit parmi les propriétaires, sur
la manière dont elle doit être gouvernée,
jamais elle ne recouvrera la splendeur où
elle étoit parvenue, et où elle seroit encore,
si des ennemis de la patrie, de la tranquillité
publique, n'y eussent introduit les systèmes
dangereux de ces faux philantropes.

Le courage ne nous manquera pas; la protection, la mère patrie vous la doit! elle ne peut pas vous la refuser! vous lui avez juré soumission, c'est de son sein que sont partis les coups, elle doit réparer les maux qu'elle a faits.

Par les pièces que vous m'avez envoyées, j'ai vu, avec plaisir, que les colons avoient jusqu'à ce jour suivi la marche que prescrit notre constitution; elle leur a accordé l'initiative de leur régime intérieur sous l'autorité du roi, ils ont donc bien fait de s'adresser à lui, pour les secours dont ils ont besoin; il est le père commun de tous les Français; son cœur n'a jamais voulu, et ne voudra jamais que le bien, et l'obéissance à la loi; restez-lui fidèles, dédommagez ce bon roi des peines qu'il a éprouvées jusqu'à ce jour.

N'ayez jamais des députés au corps législatif, restez dans la position où l'assemblée constituante vous a placés; et si, pour des intérêts particuliers, ou pour vos rapports avec la métropole, vous êtes dans le cas de traiter avec elle, ayez seulement des commissaires auprès du roi, et du corps législatif, pour défendre vos intérêts et appuyer vos demandes.

Vous avez vu les suites funestes qu'entraîne la division des opinions; oubliez les unes et les autres, et ce qui a pu vous désunir; ne faites plus qu'un peuple de frères; rappelez-vous que vous êtes les premiers bienfaiteurs des gens de couleur, que la raison et l'humanité vous commandent de rapprocher ces hommes de vous, lorsqu'ils auront acquis, tant par le temps et leurs propriétés, que par leur instruction, le droit de faire partie d'une société, que comme vous ils enrichiront, et dont ils sauront, comme vous, défendre les intérêts.

Vous trouverez, sans doute, mon ami, ma lettre un peu longue; mais je ne la regarde cependant que comme une foible esquisse de ce qu'il y auroit à dire sur votre position, présente et future : je ne vous parlerai pas du stile, je n'ai point la manie de l'impression, encore moins de la publicité. Le seul engagement que je puisse contracter envers vous, en ma qualité d'ami de l'ordre, de la paix, et de bon Français, c'est de me joindre à tous les honnêtes gens, lorsqu'on aura acquis les preuves nécessaires pour convaincre les auteurs de tant de crimes, et demander à la loi une vengeance juste et méritée.

Vous avez vu que je ne suis pas partisan des dénonciations vagues.

Conservez-moi votre amitié, et recevez les sentimens fraternels avec lesquels je serai toujours, mon cher créole, votre ami.